São Pedro, Apóstolo

Novena e biografia

NOSSAS DEVOÇÕES
(Origem das novenas)

De onde vem a prática católica das novenas? Entre outras, podemos dar duas respostas: uma histórica, outra alegórica.

Historicamente, na Bíblia, no início do livro dos Atos dos Apóstolos, lê-se que, passados quarenta dias de sua morte na Cruz e de sua ressurreição, Jesus subiu aos céus, prometendo aos discípulos que enviaria o Espírito Santo, que lhes foi comunicado no dia de Pentecostes.

Entre a ascensão de Jesus ao céu e a descida do Espírito Santo, passaram-se nove dias. A comunidade cristã ficou reunida em torno de Maria, de algumas mulheres e dos apóstolos. Foi a primeira novena cristã. Hoje, ainda a repetimos todos os anos, orando, de modo especial, pela unidade dos cristãos. É o padrão de todas as outras novenas.

A novena é uma série de nove dias seguidos em que louvamos a Deus por suas maravilhas, em particular, pelos santos, por cuja intercessão nos são distribuídos tantos dons.

Alegoricamente, a novena é antes de tudo um ato de louvor ao Pai, ao Filho e ao Espírito Santo, Deus três vezes Santo. Três é número perfeito. Três vezes três, nove. A novena é louvor perfeito à Trindade. A prática de nove dias de oração, louvor e súplica confirma de maneira extraordinária nossa fé em Deus que nos salva, por intermédio de Jesus, de Maria e dos santos.

O Concílio Vaticano II afirma: "Assim como a comunhão cristã entre os que caminham na terra nos aproxima mais de Cristo, também o convívio com os santos nos une a Cristo, fonte e cabeça de que provêm todas as graças e a própria vida do povo de Deus" (*Lumen Gentium*, 50).

Nossas Devoções procuram alimentar o convívio com Jesus, Maria e os santos, para nos tornarmos cada dia mais próximos de Cristo, que nos enriquece com os dons do Espírito e com todas as graças de que necessitamos.

Francisco Catão

Maria Belém

São Pedro, Apóstolo
Novena e biografia

Abreviaturas

At — Atos dos Apóstolos
Cf. — Confira
Jo — Evangelho de São João
Lc — Evangelho de São Lucas
Mc — Evangelho de São Marcos
Mt — Evangelho de São Mateus
1Pd — Primeira carta de São Pedro
2Pd — Segunda carta de São Pedro

Citações bíblicas: Bíblia Sagrada – tradução da CNBB, 2ª ed., 2002

Editora responsável: Celina Weschenfelder
Equipe editorial

3ª edição – 2015
3ª reimpressão – 2023

Nenhuma parte desta obra poderá ser reproduzida ou transmitida
por qualquer forma e/ou quaisquer meios (eletrônico ou mecânico,
incluindo fotocópia e gravação) ou arquivada em qualquer sistema ou
banco de dados sem permissão escrita da Editora. Direitos reservados.

Paulinas

Rua Dona Inácia Uchoa, 62
04110-020 – São Paulo – SP (Brasil)
Tel.: (11) 2125-3500
http://www.paulinas.com.br – editora@paulinas.com.br
Telemarketing e SAC: 0800-7010081
© Pia Sociedade Filhas de São Paulo – São Paulo, 2003

Introdução

São Pedro é um grande santo e uma figura muito simpática e querida por todos. Possui, ao mesmo tempo, as qualidades do grande homem que foi – primeiro Papa – e a simplicidade da criança espontânea e sincera. Tem arroubos de fé, mas também mostra os erros da fraqueza humana. Nele se alternam a rocha firme e as ondas vacilantes.

Nesta novena, vamos acompanhar a vida de Pedro ao lado de Jesus, conforme consta dos Evangelhos, e sua missão, como lemos nos Atos dos Apóstolos. Pedro é o Apóstolo mais citado no Novo Testamento, e quase sempre aparece em posição de destaque, demonstrando seu grande amor a Cristo e suas ingênuas impetuosidades.

Na vida de Pedro o mais importante é Jesus, que o marcou profundamente e o transformou. Só se compreende Pedro junto a Jesus e em relação com os outros discípulos. O pescador nunca está sozinho. O pastor convive com suas ovelhas.

Ele escreveu duas cartas para as comunidades: a primeira para as igrejas do Norte da Ásia Menor, nas quais havia muitos cristãos recém-convertidos do paganismo que se sentiam muito sós; a segunda parece uma encíclica papal, isto é, uma carta universal endereçada a todos os fiéis, um testamento espiritual.

São Pedro será nosso companheiro de viagem nestes nove dias de oração ao Pai, ao Filho e ao Espírito Santo.

PRIMEIRO DIA

A família de Pedro

Simão (Pedro), filho de Jonas, era pescador, nascido em Betsaida, perto de Genezaré, também chamada "Mar de Tiberíades". Pedro era casado; a tradição popular transformou sua mulher em mártir (Euzébio, *História Eclesiástica* 3,30), contudo alguns acham que ela era a mulher-irmã que o acompanhava nas peregrinações. Não se sabe se ela estava viva quando Pedro se encontrou com Jesus.

Pedro e seu irmão André moravam em Cafarnaum e eram sócios de Tiago e João, filhos de Zebedeu, na pescaria. O Evangelho (Mc 1,30-31) nos fala também da cura da sogra de Pedro, que morava com ele.

Reflexão

O Senhor suscita vocações para seu especial serviço nas famílias e em todos os lugares. Basta que haja abertura para ouvir seu apelo. Embora exija desapego, não desagrega a pessoa de seus familiares. Aliás, torna todos missionários.

Oração

Senhor, abençoai todas as famílias e fazei que elas sejam acolhedoras e abertas para receberem os dons e as graças de Deus.

Pai-Nosso, Ave-Maria e Glória.

Recado de Pedro

"Bendito seja Deus, o Pai de nosso Senhor Jesus Cristo. Em sua grande misericórdia, pela ressurreição de Jesus Cristo dentre os mortos, ele nos fez nascer de novo para uma esperança viva, para uma herança que não se desfaz, não se estraga nem murcha, e que é reservada para vós nos céus" (1Pd 1,3-4).

Oração final

Nós vos agradecemos, Senhor Jesus, por terdes escolhido o Apóstolo Pedro como primeiro pastor de sua Igreja e como instrumento de salvação para muitos de vosso povo. E vós, ó São Pedro, que recebestes esta graça tão grande, intercedei por nós junto a Deus para obtermos as forças necessárias a fim de seguirmos com coragem a nossa vocação. Amém.

Canto à escolha (pp. 34-37)

SEGUNDO DIA

Pescador de homens

Certo dia, André, muito feliz, falou a Pedro: "Encontramos o Cristo!" (Jo1,41b). Pedro deixou-se conduzir por André. "Jesus lhe disse, olhando para ele: 'Tu és Simão, filho de João. Tu te chamarás Cefas!' (que quer dizer Pedro)" (Jo 1,42b). Dias depois, numa madrugada, André e Pedro estavam ainda lançando as redes, pois durante toda a noite nada haviam pescado. Jesus apareceu, foi em direção a eles e disse: "'Segui-me, e eu farei de vós pescadores de homens'. E eles, imediatamente, deixaram as redes e o seguiram" (Mc 1,17b-18). Seguiram Jesus sem medo de perder o que possuíam, porque o mais importante não é o que se deixa, mas o que se adquire.

Reflexão

Sem pensar muito, André e Pedro deixaram suas redes e suas famílias para seguir Jesus. Pedro não parou mais, foi atrás de Cristo, pescando pelo mundo afora. Jesus não tira a profissão de Pedro, simplesmente a transforma.

Oração

Senhor, concedei-nos a graça de ouvir o vosso chamado para a missão que nos confiastes aqui na terra, em favor de nossos irmãos.

Pai-Nosso, Ave-Maria, Glória.

Recado de Pedro

"Como é santo aquele que vos chamou, tornai-vos santos, também vós, em todo o vosso proceder" (1Pd 1,15).

Oração final

Nós vos agradecemos, Senhor Jesus, por terdes infundido no coração de São Pedro a forte chama do amor a Deus e aos irmãos. E vós, ó São Pedro, que vivestes plenamente vossa missão de pescador de homens, intercedei por nós junto a Jesus e à Virgem Maria, para que as dificuldades não nos desanimem no caminho do bem. Amém.

Canto à escolha (pp. 34-37)

TERCEIRO DIA

Senhor, salvai-me

Após a multiplicação dos pães, Jesus mandou que os discípulos passassem para a outra margem do lago, enquanto ele iria orar na montanha. A noite chegou e com ela uma tempestade que sacudia violentamente a embarcação dos Apóstolos. Pela madrugada, um vulto vinha caminhando sobre as águas em direção ao barco. "É um fantasma", gritaram de medo. Mas Jesus logo lhes falou: "Coragem! Sou eu. Não tenhais medo!". Então Pedro lhe disse: "Senhor, se és tu, manda-me ir ao teu encontro, caminhando sobre a água". "Vem!", disse Jesus. Pedro desceu do barco e foi andando sobre a água, em direção a Jesus. Mas ficou com medo e, começando a afundar, gritou: "Senhor, salva-me!". Jesus estendeu a mão e o segurou (cf. Mt 14,24-31).

Reflexão

Pedro mostra, neste fato, a grande fé em Jesus, apesar de uma ligeira vacilação, que é repreendida pelo Mestre. Ele acreditou que era o Senhor, foi ao seu encontro e confiou que ele o poderia salvar.

Oração

Senhor, nós cremos, mas aumentai a nossa fé, especialmente quando nosso barco parece naufragar em meio às dificuldades.

Pai-Nosso, Ave-Maria, Glória.

Recado de Pedro

"Lançai sobre ele [Deus] toda a vossa preocupação, pois ele é quem cuida de vós. Sede sóbrios e vigilantes. O vosso adversário, o diabo, anda em derredor como um leão que ruge, procurando a quem devorar. Resisti-lhe, firmes na fé, certos de que iguais sofrimentos atingem também os vossos irmãos pelo mundo afora" (1Pd 5,7-9).

Oração final

Senhor Jesus, nós vos agradecemos porque destes a Pedro grande fé em vós e na missão de Apóstolo e testemunha da ressurreição. Vós, ó São Pedro, intercedei junto a Deus para que nossa fé na promessa de Jesus – "Eu estarei convosco" – jamais se enfraqueça. Amém.

Canto à escolha (pp. 34-37).

QUARTO DIA

Perdoar setenta vezes sete vezes

Jesus pregava o perdão sem nenhuma restrição. Pedro, porém, quis esclarecer e colocar uma medida: "'Senhor, quantas vezes devo perdoar, se meu irmão pecar contra mim? Até sete vezes?' Jesus respondeu: 'Digo-te, não até sete vezes, mas até setenta vezes sete vezes'" (Mt 18,21b-22). Ou seja, devemos perdoar sempre, e de todo o coração! O Mestre é realmente surpreendente; ele vai além das convenções, dos ensinamentos e das verdades.

Reflexão

O perdão deve ser total e incondicional. Esquecer a ofensa, devolver o bem e a confiança a quem nos ofendeu. Ser misericordioso como o Pai é misericordioso conosco.

Oração

Senhor, perdoai as nossas ofensas assim como nos perdoamos a quem nos ofendeu. Senhor, não permitais que o ódio e o rancor encontrem morada em nosso coração.

Pai-Nosso, Ave-Maria, Glória.

Recado de Pedro

"Sede todos unânimes, compassivos, fraternos, misericordiosos e humildes. Não pagueis o mal com o mal, nem ofensa com ofensa. Ao contrário, abençoai, porque para isto fostes chamados: para serdes herdeiros da bênção" (1Pd 3,8-9).

Oração final

Senhor Jesus, nós vos agradecemos pela confiança e amor que Pedro tinha em vós. E vós, ó São Pedro, ajudai-nos a ter também um grande coração, capaz de perdoar sempre e sermos misericordiosos com todos. Amém.

Canto à escolha (pp. 34-37)

QUINTO DIA

Os dois "nunca" de Pedro

Pedro era uma pessoa radical no amor. Quando Jesus, na última ceia, chegou para lhe lavar os pés, ele exclamou: "'Tu não me lavarás os pés nunca!' Mas Jesus respondeu: 'Se eu não te lavar, não terás parte comigo'. Pedro disse: 'Senhor, então lava-me não só os pés, mas também as mãos e a cabeça'" (Jo 13,8-9).

Antes da Paixão, Jesus predisse que todos o abandonariam. Pedro tomou logo a palavra: "'Mesmo que todos se escandalizem, eu jamais'. Jesus lhe declarou: 'Em verdade eu te digo: esta noite, antes que o galo cante, três vezes me negarás'. Pedro respondeu: 'Ainda que eu tenha de morrer contigo, não te negarei'" (Mt 26,33-35). Sabemos que, por três vezes, ele negou conhecer Jesus.

Reflexão

São Pedro tem uma personalidade vibrante e cheia de contrastes. Sua vida manifesta esperanças e conflitos, lutas, lágrimas e risos.

Oração

Senhor, que concedestes a Pedro grande entusiasmo pela causa do Evangelho, concedei também a nós a graça de sermos cristãos autênticos e fervorosos.

Pai-Nosso, Ave-Maria, Glória.

Recado de Pedro

"Aproximai-vos do Senhor, pedra viva, rejeitada pelos homens, mas escolhida e valiosa aos olhos de Deus. Do mesmo modo, também vós, como pedras vivas, formai um edifício espiritual, um sacerdócio santo, a fim de oferecerdes sacrifícios espirituais, agradáveis a Deus, por Jesus Cristo" (1Pd 2,4-5).

Oração final

Senhor Jesus, nós vos agradecemos pelo amor, entusiasmo e firmeza que comunicastes a Pedro. E vós, ó São Pedro, pedi a Deus que nos faça firmes e perseverantes no caminho da fidelidade ao Mestre Divino. Amém.

Canto à escolha (pp. 34-37)

SEXTO DIA

Vós sois o Messias, o Filho de Deus!

Diante de um pronunciamento exigente de Jesus, muitos debandaram, então ele perguntou aos Doze: "'Vós também quereis ir embora?'. Pedro respondeu: 'A quem iremos, Senhor? Tu tens palavras de vida eterna [...] tu és o Santo de Deus'" (Jo 6,67-69). Noutro dia, Jesus perguntou-lhes: "'Quem dizem as pessoas ser o Filho do Homem?'. Eles responderam: 'Alguns dizem que és João Batista; outros, Elias; outros ainda, Jeremias ou algum dos profetas'. 'E vós', retomou Jesus, 'quem dizeis que eu sou?'. Pedro respondeu: 'Tu és o Cristo, o Filho do Deus vivo'. Jesus então declarou: 'Feliz és tu, Simão, filho de Jonas, porque não foi carne e sangue quem te revelou isso, mas o meu Pai que está no céu. Por isso, eu te digo: tu és Pedro, e sobre esta pedra edificarei a minha Igreja, e as forças do Inferno não poderão vencê-la'" (Mt 16,13b-18).

Reflexão

Estas duas confissões de fé de Pedro são fundamentais para sua vida e para a Igreja. Ele acredita profundamente que Jesus é o Filho de Deus, o Messias enviado.

Oração

Senhor Jesus, também nós cremos que vós sois o Filho do Deus vivo, que nos amou infinitamente e morreu por nós. Cremos ainda que, pela ressurreição, nos concedestes nova vida.

Pai-Nosso, Ave-Maria, Glória.

Recado de Pedro

"Vós sois a gente escolhida, o sacerdócio régio, a nação santa, o povo que o Senhor adquiriu, a fim de que proclameis os grandes feitos daquele que vos chamou das trevas para a sua luz maravilhosa" (1Pd 2,9).

Oração final

Senhor Jesus, nós vos agradecemos por ter concedido a Pedro a grande sabedoria de proclamar a vossa divindade. Vós, ó São Pedro, pedi para nós a sabedoria divina que Deus concede aos pequenos e simples de coração. Amém.

Canto à escolha (pp. 34-37)

SÉTIMO DIA

Pedro, tu me amas?

Após a ressurreição, Jesus apareceu aos Apóstolos, partilhou o pão com eles e depois se dirigiu a Pedro: "'Simão, filho de João, tu me amas mais do que estes?'. Pedro respondeu: 'Sim, Senhor, tu sabes que te amo'. Pedro, naquele instante, certamente se lembrou das negações feitas. Por três vezes Jesus fez a mesma pergunta e obteve a mesma resposta. Então concluiu: 'Cuida das minhas ovelhas'" (cf. Jo 21,15-17). Pedro, nesse momento, estava sendo confirmado em sua missão de pastor e chefe universal da Igreja.

Reflexão

Como Pedro, muitas vezes negamos o amor de Jesus por nós, especialmente com o nosso agir. Como ele, levantemos de nossas quedas e com coragem reiniciemos a caminhada de cristãos.

Oração

Senhor, não leveis em conta as nossas fraquezas, mas concedei-nos forças para demonstrar nossa fé e nosso amor por vós, por meio do serviço aos irmãos.
Pai-Nosso, Ave-Maria, Glória.

Recado de Pedro

"Conduzi-vos como pessoas livres, mas sem usar a liberdade como pretexto para o mal. Pelo contrário, sede servos de Deus. Honrai a todos: aos irmãos, amai; a Deus, tende temor; ao rei, honrai" (1Pd 2,16-17).

Oração final

Senhor Jesus, nós cós agradecemos por ter dado a Pedro a graça de apascentar e guiar o vosso rebanho. E vós, ó São Pedro, pedi para nós docilidade e colaboração dos pastores, a fim de que, juntos, possamos fazer acontecer, já aqui na terra, o Reino de Deus, reino de justiça e de paz. Amém.

Canto à escolha (pp. 34-37).

OITAVO DIA
Milagres de Pedro

Pedro presenciou de perto todos os milagres de Jesus. Após a ascensão do Mestre e a descida do Espírito Santo, Pedro não era mais aquele homem temeroso, mas anunciava Jesus publicamente, convertia multidões, curava os doentes e aleijados. Certo dia, Pedro e João subiam ao Templo para a oração. Apresentou-se a eles um coxo pedindo esmola. Pedro interveio: "Olha para nós! Não tenho ouro nem prata, mas o que tenho eu te dou: em nome de Jesus Cristo, o Nazareno, levanta-te e anda!". O homem ficou de pé e começou a andar. E entrou no templo com Pedro e João, andando, saltando e louvando a Deus (cf. At 3,1-10).

- *São Bento: história e novena* – Francisco Catão
- *São Brás: história e novena* – Celina Helena Weschenfelder
- *São Cosme e São Damião: biografia e novena* – Mario Basacchi
- *São Cristóvão: história e novena* – Mário José Neto
- *São Francisco de Assis: novena e biografia* – Mario Basacchi
- *São Francisco Xavier: novena e biografia* – Gabriel Guarnieri
- *São Geraldo Majela: novena e biografia* – J. Alves
- *São Guido Maria Conforti: novena e biografia* – Gabriel Guarnieri
- *São José: história e novena* – Aparecida Matilde Alves
- *São Judas Tadeu: história e novena* – Maria Belém
- *São Marcelino Champagnat: novena e biografia* – Ir. Egídio Luiz Setti
- *São Miguel Arcanjo: novena* – Francisco Catão
- *São Pedro, Apóstolo: novena e biografia* – Maria Belém
- *São Peregrino Laziosi* – Tarcila Tommasi
- *São Roque: novena e biografia* – Roseane Gomes Barbosa
- *São Sebastião: novena e biografia* – Mario Basacchi
- *São Tarcísio: novena e biografia* – Frei Zeca
- *São Vito, mártir: história e novena* – Mario Basacchi
- *Senhora da Piedade: setenário das dores de Maria* – Aparecida Matilde Alves
- *Tiago Alberione: novena e biografia* – Maria Belém

- *Novena das Rosas: história e novena de Santa Teresinha do Menino Jesus* – Aparecida Matilde Alves
- *Novena em honra ao Senhor Bom Jesus* – José Ricardo Zonta
- *Ofício da Imaculada Conceição: orações, hinos e reflexões* – Cristóvão Dworak
- *Orações do cristão: preces diárias* – Celina Helena Weschenfelder
- *Os Anjos de Deus: novena* – Francisco Catão
- *Padre Pio: novena e história* – Maria Belém
- *Paulo, homem de Deus: novena de São Paulo Apóstolo* – Francisco Catão
- *Reunidos pela força do Espírito Santo: novena de Pentecostes* – Tarcila Tommasi
- *Rosário dos enfermos* – Aparecida Matilde Alves
- *Rosário por uma transformação espiritual e psicológica* – Gustavo E. Jamut
- *Sagrada Face: história, novena e devocionário* – Giovanni Marques Santos
- *Sagrada Família: novena* – Pe. Paulo Saraiva
- *Sant'Ana: novena e história* – Maria Belém
- *Santa Cecília: novena e história* – Frei Zeca
- *Santa Edwiges: novena e biografia* – J. Alves
- *Santa Filomena: história e novena* – Mario Basacchi
- *Santa Gemma Galgani: história e novena* – José Ricardo Zonta
- *Santa Joana d'Arc: novena e biografia* – Francisco de Castro
- *Santa Luzia: novena e biografia* – J. Alves
- *Santa Maria Goretti: história e novena* – José Ricardo Zonta
- *Santa Paulina: novena e biografia* – J. Alves
- *Santa Rita de Cássia: novena e biografia* – J. Alves
- *Santa Teresa de Calcutá: biografia e novena* – Celina Helena Weschenfelder
- *Santa Teresinha do Menino: novena e biografia* – Jesus Mario Basacchi
- *Santo Afonso de Ligório: novena e biografia* – Mario Basacchi
- *Santo Antônio: novena, trezena e responsório* – Mario Basacchi
- *Santo Expedito: novena e dados biográficos* – Francisco Catão
- *Santo Onofre: história e novena* – Tarcila Tommasi
- *São Benedito: novena e biografia* – J. Alves

Coleção Nossas Devoções

- *Dulce dos Pobres: novena e biografia* – Marina Mendonça
- *Francisco de Paula Victor: história e novena* – Aparecida Matilde Alves
- *Frei Galvão: novena e história* – Pe. Paulo Saraiva
- *Imaculada Conceição* – Francisco Catão
- *Jesus, Senhor da vida: dezoito orações de cura* – Francisco Catão
- *João Paulo II: novena, história e orações* – Aparecida Matilde Alves
- *João XXIII: biografia e novena* – Marina Mendonça
- *Maria, Mãe de Jesus e Mãe da Humanidade: novena e coroação de Nossa Senhora* – Aparecida Matilde Alves
- *Menino Jesus de Praga: história e novena* – Giovanni Marques Santos
- *Nhá Chica: Bem-aventurada Francisca de Paula de Jesus* – Aparecida Matilde Alves
- *Nossa Senhora Aparecida: história e novena* – Maria Belém
- *Nossa Senhora da Cabeça: história e novena* – Mario Basacchi
- *Nossa Senhora da Luz: novena e história* – Maria Belém
- *Nossa Senhora da Penha: novena e história* – Maria Belém
- *Nossa Senhora da Salete: história e novena* – Aparecida Matilde Alves
- *Nossa Senhora das Graças ou Medalha Milagrosa: novena e origem da devoção* – Mario Basacchi
- *Nossa Senhora de Caravaggio: história e novena* – Leomar A. Brustolin e Volmir Comparin
- *Nossa Senhora de Fátima: novena* – Tarcila Tommasi
- *Nossa Senhora de Guadalupe: novena e história das aparições a São Juan Diego* – Maria Belém
- *Nossa Senhora de Nazaré: novena e história* – Maria Belém
- *Nossa Senhora Desatadora dos Nós: história e novena* – Frei Zeca
- *Nossa Senhora do Bom Parto: novena e reflexões bíblicas* – Mario Basacchi
- *Nossa Senhora do Carmo: novena e história* – Maria Belém
- *Nossa Senhora do Desterro: história e novena* – Celina Helena Weschenfelder
- *Nossa Senhora do Perpétuo Socorro: história e novena* – Mario Basacchi
- *Nossa Senhora Rainha da Paz: história e novena* – Celina Helena Weschenfelder
- *Novena à Divina Misericórdia* – Tarcila Tommasi

4. São Pedro

(Pe. Joãozinho, scj e Pe. Geraldo da Silva –
CD 12336-6 – Paulinas/Comep)

Ó São Pedro, pedra forte
rocha firme do Senhor!
Intercede pela gente
nosso Apóstolo pastor!
Reza pela tua Igreja
São Pedro, protetor!

1. Ajuda o povo a caminhar
   na tua Igreja, sem desviar!

2. Rede na praia, barco no mar
   e a tua Igreja a navegar.

3. Ensina a gente evangelizar,
   nova semente a semear.

3. Pelos prados e campinas

(Fernando Fabreti – CD 06854-3 – Paulinas/Comep)

1. Pelos prados e campinas verdejantes, eu vou!
   É o Senhor que me leva a descansar.
   Junto às fontes puras repousantes, eu vou!
   Minhas forças o Senhor vai animar.

   Tu és, Senhor, o meu pastor,
   por isso nada em minha vida faltará. (bis)

2. Nos caminhos mais seguros, junto dele eu vou!
   E pra sempre o seu nome eu honrarei.
   Se eu encontro mil abismos nos caminhos,
   eu vou!
   Segurança sempre tenho em suas mãos.

3. No banquete em sua casa, muito alegre eu vou!
   Um lugar em sua mesa me preparou.
   Ele unge minha fronte e me faz feliz,
   e transborda a minha taça em seu amor.

4. Com alegria e esperança, caminhando eu vou!
   Minha vida está sempre em suas mãos.
   E na casa do Senhor eu irei habitar,
   e este canto para sempre irei cantar.

3. Tua Palavra abre novos horizontes,
   é convite de serviço aos irmãos.
   Me consagra, me envia a assumir
   teu projeto nesta vida, neste chão.
   Meu "sim" é resposta, é meu jeito de amar;
   estar com teu povo, contigo morar.

2. A barca

(Cesário Gabarain – CD 12075-8 – Paulinas/Comep)

1. Tu te abeiraste da praia.
   Não buscaste nem sábios nem ricos.
   Somente queres que eu te siga.

   Tu me olhaste nos olhos!
   A sorrir pronunciaste meu nome!
   Lá na praia eu larguei o meu barco.
   Junto a ti, buscarei outro mar.

2. Tu sabes bem que, em meu barco,
   eu não tenho nem ouro nem espada;
   somente redes e o meu trabalho.

3. Tu, pescador de outros lagos,
   ânsia eterna de almas que esperam!
   Bondoso amigo, que assim me chamas!

CANTOS

1. Mestre, onde moras

(Osmar Coppi e Gustavo Balbinot – CD 12291-2 – Paulinas/Comep)

1. No meu coração sinto o chamado,
   fico inquieto: preciso responder.
   Então pergunto: Mestre onde moras?
   E me respondes que é preciso caminhar
   seguindo teus passos,
   fazendo a história, construindo
   o novo no meio do povo.

   Mestre, onde moras? Mestre, onde estás?
   No meio do povo, vem e verás.

2. Te vejo em cada rosto das pessoas,
   tua imagem me anima e faz viver.
   No coração amigo que se doa,
   no sonho do teu Reino acontecer.
   Teu Reino é justiça, é paz, é missão,
   é a Boa-Nova da libertação.

corruptível, mediante a palavra de Deus, viva e permanente" (1Pd 1,22b-23).

Oração final

Senhor Jesus, nós vos agradecemos pela graça do martírio que concedestes a Pedro, vosso Apóstolo. Ó glorioso São Pedro, alcançai para nós a coragem diante dos sofrimentos e das dificuldades que tentam impedir as nossas boas ações, que um dia nos levarão à felicidade eterna. Amém.

Canto à escolha (pp. 34-37).

de Jesus, que lhe dava forças e o recebia entre os eleitos.

Reflexão

Todos os discípulos de Jesus enfrentaram prisões, perseguições e a morte com muita coragem e galhardia, pois tinham certeza de estar seguindo os passos de seu Mestre e Senhor.

Oração

Senhor, recebei no gozo eterno do céu todos aqueles que morreram pela justiça e viveram praticando os vossos mandamentos.

Pai-Nosso, Ave-Maria, Glória.

Recado de Pedro

"Amai-vos, pois, uns aos outros, de coração e com ardor. Nascestes de novo, não de uma semente corruptível, mas in-

NONO DIA

Prisões e morte de Pedro

As autoridades da época temiam o poder dos discípulos de Jesus, que pregavam com coragem e arrastavam multidões. Então, mandaram prender os Apóstolos, proibindo-os de falar de Jesus. Na segunda prisão de Pedro, ele se achava acorrentado e bem guardado, quando uma luz iluminou a cela: "Levanta-te depressa!", disse-lhe o anjo. As correntes caíram-lhe das mãos. "Põe o cinto e calça tuas sandálias, veste tua capa e vem comigo!". Pedro acompanhou-o e, caindo em si, disse: "Agora sei, de fato, que o Senhor enviou o seu anjo para me livrar do poder de Herodes" (cf. At 12,6-19). Anos mais tarde, Pedro foi preso e crucificado – de cabeça para baixo, diz a tradição –, porém sentindo a presença

Oração final

Senhor Jesus, nós vos agradecemos porque concedestes a Pedro o poder de curar os doentes e socorrer os pobres. Ó glorioso São Pedro, alcançai para nós a graça de sermos fiéis aos nossos compromissos com a comunidade e com os nossos irmãos mais carentes. Amém.

Canto à escolha (pp. 34-37)

Reflexão

Era a força de Jesus e do Espírito Santo que agia nos Apóstolos e lhes comunicava o poder de fazer o bem a todos e ajudar os doentes e necessitados.

Oração

Senhor, Pai, Filho e Espírito Santo, concedei também a nós os seus dons e a sensibilidade de percebermos o sofrimento dos nossos irmãos pequenos e excluídos.
Pai-Nosso, Ave-Maria, Glória.

Recado de Pedro

"Cultivai o amor mútuo, com todo o ardor, porque o amor cobre uma multidão de pecados. Sede hospitaleiros uns com os outros" (1Pd 4,8-9).